Ararat Ediciones

EL ECO HERIDO

Poesía seleccionada 2013 - 2016

LUIS ANTONIO GONZÁLEZ PÉREZ

Ararat Ediciones

NOTA A LA EDICIÓN

Ser o no ser poeta poco importa. Que lo escrito tenga o no valor, transcendencia, o perdurabilidad, es dar a la creación un peso o una obligación que nunca nos pidió y que tampoco nos ofrecería si la dejáramos libre.

Responder a las preguntas, o transformas las dudas propias en interrogantes compartidos, comunicar tus miedos aspirando a la belleza, o queriendo no violar en exceso la perfección del silencio, podría ser el objetivo de quien crea.

Cerrar un cuaderno, aunque este lo sea de forma virtual, dejarlo descansar, enraizar o pudrir, para medir la querencia de hacerlo común, es una acción necesaria.

Pasado el tiempo de cura, toca contar como fue el proceso. Disfruten, amen, aborrezcan o desprecien estos versos. Ya son suyos.

Hay que llegar al borde...

Hay que llegar al borde
y apurar esta vida
que duda de sí misma
y que vacila,
y acaso se detiene.
y volver, si es posible,
por haber descubierto
que nada, nada pasa,
porque no hay en ti
más que ocres,
estos grises,
los oscuros azules
del otoño.

José Corredor-Matheos

BREVES NOTAS AL OÍDO

Poemas sobre la obra de Boulevard Canvas de Paco Rosique

Mayo de 2013

11

Piedra, tambor y barro

El silencio lo preña todo;

un eco lento relame las sombras

y acompasa los requiebros del tiempo.

Inerme vigía de los pasos,

la piedra enterrada,

absorbe la soledad

 como una excusa del vacío

para convertirla en materia.

12

Green Cave

Llora memorias la roca

como sangre caduca.

A contratiempo una melodía

parece ahogarse,

nada más nacer,

como una batalla perdida del presente.

Molde ii Arena Lenta

Lenta cae la arena

sobre el compás perdido de los metales.

crepita la naturaleza,

balando,

como un cisne huyendo hacia su ocaso.

14

Tugsteno portátil

La madera busca su espacio vital.

Se expande como un universo apresado

entre las formas del hombre.

Parece renacer la libertad

en la mínima expresión - la inerte -

dibujando en el espacio

un grito de anarquía,

o un sencillo murmullo,

como el humo.

Hálito de un baile, sin pasos, de la masa.

15

Residua de Beckett

Un oleaje de armonía

baña las costas del escritorio.

Suena a cotidianidad ordenada

la madera en guerra, el papel suicidado,

la nebulosa en la que se pierden las palabras.

Un taller, ningún maestro,

las herramientas apartadas,

el orgasmo interrumpido de espacio en blanco.

16

17

PIDO SILENCIO

2013

18

Desaparezco hasta de los cantos de mis libros

y las mayúsculas que me nombran

se escudan interrogantes,

dudosas, cursivas,

como un cuerpo

que camina ajado por los años

y muere a pasos perdidos,

- haciendo círculos -

para llegar al fin, a ninguna parte.

Así me releo:

asumiendo lo inútil de mis páginas,

la conciencia de que, en las manos de otros,

lo que uno escribe,

apenas merece memoria.

20

Desde el silencio,

el sol naciente

quiebra el oriente oscuro

para mostrarnos que, la conciencia,

reflejando la luz

a nuestra espalda,

también está en nuestras sombras.

21

Tengo un nombre que se diluye

en el blanco de los folios que dejo desiertos,

pues son yermas las horas,

oxidado el taller,

mudo el grito, que antes azotaba

como ventisca,

las sombras del escritorio.

Piso las mismas calles,

amo y odio de la misma forma,

observo con iguales ojos,

pero mi boca apenas reconocer su eco

o es mi alma la que ya no reconoce

el pulso de las cosas.

Tengo enumerados todos mis errores,

alineados en mis manos como una cicatriz de tiempo,

como una consulta a un álbum de fotos

que destiñen ya y sólo sirven para asustar las tardes.

Puedo contar con los dedos los aciertos

y casi me sobran las dos manos

a pesar de que en mis juicios soy benévolo

y discurrirían rápidos en mis párpados,

si me atreviera un día a dejarme en el regazo de la memoria

y cerrar los ojos.

Abro de nuevo mis páginas

y el aquelarre no tendría que apagar la chispa

en casi ninguno de mis versos

y purificaría así el sacrilegio de haberme llamado tantas veces poeta.

Con el tiempo, que no es mucho,

ni tiene peso o medida de importancia,

confesaría, sin rubor ni miedo,

que hoy volvería a nacer sobre un folio en blanco

para no mancillar los pliegos

que forcé aullando de ignorancia

23

dejando al final una firma que, esta mañana,

silba en una estantería,

(sin eco).

Pido silencio para la poesía.

Volver a los sillones solitarios, a las noches, a la sombra.

A los rincones secretos, donde cada cual era, sólo eso, cada cual,

sin pretensiones.

Donde el ego era un hálito, casi un juego,

una impostura necesaria para recrearse, creando.

Donde el fin, era el punto, y no el libro o el escenario.

Silencio y palabra, porque se respetan, humildemente,

sabiéndose antagónicos, pero necesitándose para ser,

cada cual, sin pretensiones.

No se devoran, esperan su turno.

Se visten de pudor, desnudos de dorados y ocres, de ecos.

Reflexión, denuncia, razón, generosidad e ingenio.

Por pedir que no quede.

Desterrar el andar a golpe de palmadas huecas en la espalda,

de aplausos sin criterio, sin sentido.

Sacar del mercado, lo que nunca fue suyo, la verdad.

25

Dejar desiertos los premios, sólo para los jurados.

Volver a tomar café en las cafeterías,

pasear por las plazas, escuchar a otros en los micrófonos,

disfrutar de los folios en blanco, de las llamadas de teléfono,

de los vinos compartidos.

Dejar de emborracharlo todo con lo que creen poesía.

Pido silencio para la poesía.

Que descanse en paz, a pesar de nosotros.

26

27

DESMEMORIA

Poemas sobre el proyecto GENOCIDE de Eduardo Gómez Ballesteros

2013

29

Habitar en el espacio quebradizo de la desmemoria

con las pupilas silenciando el gris metal,

clavado en el pecho el número helado,

la cuenta atrás,

el latido que se vence,

agotado y anónimo.

Ni tan siquiera tu último aliento

entiende la razón del fotograma.

Cae tu mirada en el abismo,

piedra a piedra,

sobre nosotros.

Hacia el reverso de la historia,

la sombra alargada del caos

se disfraza de razón.

Sólo el anonimato parece

desdibujar la culpa.

32

Se atragantan todas las palabras

cuando la oscuridad dicta el infinito encuentro,

el nacimiento oscuro,

las constelaciones aniquiladas

para el reino del vacío.

Puede ser que nos separen

tiempos y espacios infranqueables,

pero eso, no nos salva.

33

Suma la historia los escombros

que hasta la tierra olvida.

La profundidad de la sangre

que en la costumbre bochornosa

ni sangre parece.

LA DISTANCIA DEL ESPEJO

2013

Se precipita mi sombra en el espejo

cargada de humo

y miradas que no son la mía,

pero se clavan en mis ojos

y mis labios

como si fueran sus dueños

o un juez sin venda

y balanza errada.

Se ancla el juicio

sin sentencia,

silente,

pesando en el reflejo.

Toca, para sobrevivir,

mirar a otra parte.

La verdad está en los ojos

cerrados de la vergüenza,

en la pregunta insistente

que respondemos

con preguntas

desnudas,

en el eco de la soledad

de las habitaciones cargadas

de conciencia hueca,

en el espejo que dibuja

tu ausencia

cuando estás en frente,

y te devuelve

una caricatura

de tus palabras.

39

Maniatadas las palabras,

ahorcado el tiempo

con el cordón umbilical

de un parto de horizonte,

de un futuro inundado de memoria,

de falsas promesas al aire,

o al sol, a la llama,

al incendio natural de la esperanza,

al vendaval de los golpes

sin digestión ni cura,

al fracaso consensuado,

al poema sin final

ni principio aparente,

en que me transformo

al mirarme al espejo

roto por desprecio.

Aquí no queda ya materia,

mirar el mármol

y sólo ver polvo.

El lienzo tan sólo responde en blanco,

la melodía se ha convertido

en un pentagrama desierto.

El escenario

está preñado de máscaras,

y tu nombre

sabe igual que otros nombres,

o que lo desconocido.

A veces tiene un regusto

a nocturnidad y sexo,

o a sabanas frías

y masturbación hiriente

de mi silencio.

Se viste tras fingir

plenitudes en el cristal

y firma con un portazo.

41

Si te soy sincero

reconozco en el espejo

a un poeta cansado de ser poeta,

si es que se puede ser

-cansado-

algo más que la memoria

o la pérdida de uno mismo

en las palabras escritas

y olvidadas en tomos caducos.

Si me soy sincero

he perdido cierta ingenuidad,

o quizás toda,

para tener fe en que estos versos

lleguen a alguien o a alguna parte.

43

DESCALZO

2017

45

Descalzo,

hundidos los pies

en la arena henchida

de sal y olvido.

Borrados los pasos,

sin retorno,

a solas con el horizonte

y la marea que todo lo puede

y vuelve siempre

para recoger las ruinas

y los atardeceres de silencio

y sombras en los ojos.

Descalzo,

desnudos los pies

para descubrir el alma,

sin ser visto.

Descalzo,

humillado el cuerpo

que se viste de rutinas

y óxido en el calendario.

Volviendo a la tierra

para leerla.

Saboreando la libertad de antaño,

que no es otra que caminar

sin rumbo,

sin avanzar, porque nada espera

a un hombre cansado

de pasos en falso.

Descalzo,

recorriendo en círculo

la sombra

que ya no le pertenece.

47

Descalzo,

circundando el oleaje macilento

que viene a la orilla

a hacerse perenne pariendo olvidos,

borrando las huellas

cansadas de un pasado

que se pierde en su caricia

injusta o, tal vez, necesaria.

Convirtiendo el abandono

en cotidiano vacío,

en restos de un naufragio

que vence al tiempo.

Descalzo,

consciente de que nada quedará

impreso

tras nuestro paso.

Descalzo,

rendido y sin peso

para dejar en la arena tallado

algo de lo que fuimos,

para que la levedad de la espuma

no construya fracasos

y el sol, al bajar la marea,

seque la sangre y la hiel

con que moldeamos nuestros días,

y venga la gris tarde

a cubrirlo todo con su llanto.

Descalzo,

sumido en la renuncia

a permanecer

o dejar legado.

49

Descalzo,

tatuando en la piel del mundo

una declaración de ausencia,

una confesión de mudez

o de impotencia

frente a la humana miseria.

Destronando la voz mayúscula,

como desgasta la sal

o pule la brisa.

Quebrar el soliloquio,

desmontar la impostura,

volver a deletrear la vida.

Descalzo,

aprendiendo a andar,

nuevamente,

las palabras.

50

Descalzo,

como niños desnudos

en la orilla, descubriendo el mundo.

Sin hacer castillos, ni muros,

ni hacer rehenes en los charcos.

Observando, revelando,

vistiéndose de verdad

como latido, como aire.

Habitando la grandeza de ser,

sin condiciones.

Celebrando la vida

sin nombres.

Descalzo,

como una infancia infinita

que te busca

para devolverte a la tierra.

51

Descalzo,

en la playa que fue

lienzo blanco,

donde dibujaste sueños

y futuros

marcando en la roca

tu nombre.

Hoy vuelves, descalzo,

buscando renacer como la marea

que retorna nuevamente

para ser, otra vez,

quien aleccione tus pasos.

Descalzo,

tornar al inicio

para poder ser

sin pretensiones.

52

EL ECO HERIDO - Luis Antonio González Pérez

53

EL ECO HERIDO

2015

Vertebra la noche una espiral de susurros

como una fuga fatigada y sombría,

un llanto agotado que solo deja la última lágrima

en el umbral del silencio.

56

El rumor de la ciudad se cuela entre las sábanas.

Un eco herido de batalla distante contra las horas,

aferrado al desgajo de un cuerpo como desecho,

de un día que termina, borroso, desdibujado.

57

Cuando el frio abrasa mi cuerpo,

disperso el humo como si buscara ser Dios

y crear luz entre las sombras

o vestirme de caos, y comprenderlo.

58

Marca el reloj, inútil, un tiempo como espuma,

destinado a ser olvido, brisa oxidada,

imprevista ráfaga, polvo yermo, quebranto de un día

frente al espejo que se nubla.

59

EL ECO HERIDO

Poesía seleccionada 2013 - 2016

LUIS ANTONIO GONZÁLEZ PÉREZ

Ararat Ediciones